10. Mai 1764.

# ORDONNANCE DU ROI,

## *Concernant les régimens Suiſſes & Griſons qui ſont à ſon ſervice.*

Du 10 Mai 1764.

## *DE PAR LE ROI.*

SA MAJESTÉ ayant déjà donné à pluſieurs des régimens Suiſſes & Griſons, par des ordonnances particulières, la même compoſition qu'aux autres régimens de ſon Infanterie; & voulant que tous les régimens de cette Nation qu'Elle entretient à ſon ſervice, ſoient compoſés de même: Voulant auſſi mettre ces régimens à portée de remplir dans tous les points, l'objet d'utilité qu'Elle s'eſt propoſé lorſqu'Elle les a pris à ſa ſolde, en réglant leur traitement d'une manière également avantageuſe aux Officiers & aux Soldats; Sa Majeſté a réſolu de raſſembler dans une ſeule ordonnance ce qu'Elle a précédemment réglé pour les régimens qui ont déjà la nouvelle compoſition, & ce qu'Elle a déterminé pour ceux qui ne l'ont point encore: Et en conſéquence, Elle a ordonné & ordonne ce qui ſuit.

## ARTICLE PREMIER.

CHACUN des régimens d'Erlach, Boccard, Pfiffer, Castella, Waldner, Jenner, Dieſbach, Courten, Salis Griſon, Lochmann & Eptingen, ſera composé de deux bataillons de neuf compagnies chacun, dont une de Grenadiers & huit de Fuſiliers.

## II.

IL ſera établi dans chaque compagnie deſdits onze régimens Suiſſes & Griſons, un Fourrier, dont les fonctions ſeront réglées ci-après.

## III.

LE grade d'Anſpeſſade ſera ſupprimé dans toutes les compagnies, & il ſera créé, pour en tenir lieu, des places d'Appointés, dont les fonctions ſeront auſſi réglées ci-après.

## IV.

CHAQUE compagnie de Grenadiers, ſera, ſoit en temps de paix, ſoit en temps de guerre, commandée par un Capitaine, un Lieutenant & un Sous-lieutenant; & composée de deux Sergens, un Fourrier, quatre Caporaux, quatre Appointés, quarante Grenadiers & un Tambour.

Les quatre Caporaux, les quatre Appointés & les quarante Grenadiers ſeront diſtribués en quatre eſcouades de douze hommes chacune, dont un Caporal & un Appointé; la première & la troiſième de ces eſcouades formeront la première ſection, à laquelle ſera attaché le premier Sergent; la ſeconde & la quatrième eſcouade formeront la ſeconde ſection, à laquelle ſera attaché le ſecond Sergent: la première ſection ſera ſubordonnée au Lieutenant, la ſeconde au Sous-lieutenant; ces deux Officiers en rendront tous les jours compte au Capitaine, qui en rendra lui-même compte au Colonel, & en ſon abſence, au Lieutenant-colonel.

## V.

CHACUNE des compagnies de Fuſiliers ſera, en tout temps, commandée par un Capitaine, un Lieutenant & un Sous-lieutenant & composée en temps de paix, de quatre

10. Mai 1764.



Sergens, d'un Fourrier, de huit Caporaux, de huit Appointés, quarante Fuſiliers & deux Tambours.

Les huit Caporaux, les huit Appointés & les quarante Fuſiliers formeront huit eſcouades de ſept hommes chacune, y compris un Caporal & un Appointé ; la première & la cinquième eſcouade formeront la première demi-ſection, à laquelle ſera attaché le premier Sergent ; la ſeconde & la ſixième eſcouade formeront la ſeconde demi-ſection, à laquelle ſera attaché le ſecond Sergent ; la troiſième & la ſeptième eſcouade formeront la troiſième demi-ſection, commandée par le troiſième Sergent ; la quatrième & la huitième eſcouade formeront la quatrième demi-ſection, à laquelle ſera attaché le quatrième Sergent ; les première & troiſième demi-ſections formeront la première ſection qui ſera ſubordonnée au Lieutenant ; & les ſeconde & quatrième demi-ſections formeront la ſeconde ſection que commandera le Sous-lieutenant : ces deux Officiers rendront tous les jours compte des détails qui concerneront leur ſection au Capitaine, lequel en rendra auſſi compte aux Officiers ſupérieurs.

En temps de guerre, les compagnies de Fuſiliers conſerveront le même nombre d'Officiers & de bas Officiers réglé ci-deſſus ; mais celui des Soldats ſera augmenté dans chaque eſcouade, par un nombre égal d'hommes que Sa Majeſté ſe réſerve de fixer lorſque les circonſtances l'exigeront.

Déclarant cependant Sa Majeſté que ſon intention eſt de ne point porter leſdites compagnies au-delà de cent trois hommes.

## VI.

L'INTENTION de Sa Majeſté étant que les compagnies ne ſoient compoſées que d'Officiers & de Soldats effectifs & utiles à ſon ſervice, les places de Trabans, de Secrétaires, de Vivandiers & autres, qui faiſoient nombre dans les compagnies, ſeront ſupprimées & éteintes.

## VII.

IL ſera créé deux places de Sous-aides-major dans chacun deſdits régimens, afin qu'il y en ait un par bataillon.

VIII.

Il sera établi dans chacun de ces régimens, un Quartier-maître, dont les fonctions seront réglées ci-après.

IX.

L'intention de Sa Majesté étant que le Major ne soit point distrait des fonctions principales de sa charge, qui consistent dans la police, la discipline, la tenue & les exercices, Elle a réglé que le Quartier-maître qu'Elle a jugé à propos d'établir dans chacun desdits régimens, seroit particulièrement chargé de l'administration des deniers, sous les ordres du Major.

X.

Il sera aussi créé dans chacun de ces régimens, un Tambour-major, pour veiller à la discipline prescrite parmi les Tambours.

XI.

Le grade de Capitaine-lieutenant & celui d'Enseigne, seront supprimés dans toutes les compagnies; & au lieu des Enseignes qui existent actuellement, il sera créé deux places de Porte-drapeaux par bataillon.

XII.

Au moyen de ce qui est réglé par les articles VII, VIII, IX, X & XI de la présente ordonnance, l'État-major de chacun de ces régimens, sera composé d'un Colonel, d'un Lieutenant-colonel, d'un Major, d'un Aide-major par bataillon, d'un Sous-aide-major, aussi par bataillon, de deux Porte-drapeaux par bataillon, d'un Quartier-maître, d'un Tambour-major, d'un Chirurgien-major, de deux garçons Chirurgiens par bataillon, & de deux Prevôts, aussi par bataillon.

Il y aura de plus un Aumônier & un Ministre dans chacun des régimens de Boccard, Pfiffer, Castella, Waldner, Jenner, Diesbach, Salis & Eptingen. Un Aumônier seulement dans le régiment de Courten, & un Ministre seulement dans chacun des régimens d'Erlach & de Lochmann.

XIII.

Le grade de Commandant de bataillon, sera supprimé dans lesdits régimens, & les Officiers qui en sont pourvus actuellement, rentreront dans la classe ordinaire des Capitaines;

voulant cependant bien Sa Majesté que ceux qui faisoient ci-devant le service de Commandant de bataillon, soient dispensés de monter la garde, en temps de paix seulement.

X I V.

LE Major actuel de chacun de ces régimens, continuera de tenir rang parmi les Capitaines, du jour de la commission qui lui a été accordée; mais lorsque cette charge deviendra vacante, l'Officier qui en sera pourvu, au choix de Sa Majesté, prendra rang sur tous les Capitaines desdits régimens: l'intention de Sa Majesté étant que dans la suite la charge de Major soit dans lesdits régimens, comme dans tous ceux de son Infanterie, un grade supérieur à celui de Capitaine, & que le Major commande le régiment en l'absence du Colonel & du Lieutenant-colonel, & en leur présence, sous leur autorité: mais Sa Majesté veut que ceux qui seront pourvus de la majorité d'un régiment, quittent leur compagnie, s'ils en ont une; son intention étant au surplus, que pour tout ce qui concerne les exercices, le Major actuel ait, dès-à-présent sur les Capitaines, l'autorité dont il a besoin pour remplir ses fonctions.

X V.

LES Aides-major continueront de jouir des prérogatives dont ils jouissent actuellement, & rempliront les mêmes fonctions.

X V I.

LES Sous-aides-major seront subordonnés aux Aides-major; ils auront dans leur régiment, & dans toute l'Infanterie, rang de Lieutenant, du jour de leur brevet; & en conséquence, ils commanderont à tous les Sous-lieutenans & à tous les Lieutenans moins anciens qu'eux.

X V I I.

LES Porte-drapeaux seront toujours tirés du corps des Sergens, auront rang de derniers Sous-lieutenans, & seront tenus dans tous les temps de porter les drapeaux à pied.

X V I I I.

LE Quartier-maître aura rang de Sous-lieutenant, commandera spécialement tous les Fourriers, & sera chargé de tout le détail, de l'adminiſtration des deniers, ſubordonnément au Major, du logement, du campement, des diſtributions & autres fonctions relatives, ſupérieurement aux Fourriers.

X I X.

Le Quartier-maître ſera choiſi par les Capitaines, à la pluralité des voix, & agréé par le Colonel, qui demandera ſon brevet au Colonel général.

X X.

Tout l'argent de la ſolde, ou de toute autre partie, qui appartiendra à chaque régiment, ſera remis tous les mois au Quartier-maître, pour être enfermé dans une caiſſe dont il aura la régie, ſubordonnément au Major.

X X I.

Il y aura toujours dans la caiſſe de chaque régiment, un état des fonds qui y ſeront mis, & un état de ceux qui en ſeront tirés, avec les cauſes de recette & de dépenſe: ces états ſeront ſignés du Commandant du Corps & du Major; il en ſera remis un double au Major, & il en ſera envoyé un tous les mois au Colonel général des Suiſſes.

X X I I.

Le Tambour-major veillera ſur la conduite & la diſcipline preſcrite parmi les Tambours; il aura rang de Sergent, & jouira des mêmes droits & prérogatives que les autres Sergens: il ſera propoſé par le Major au Colonel, qui le nommera, & ſera attaché à la compagnie Colonelle, ſans faire nombre dans ladite compagnie.

X X I I I.

Le Chirurgien-major ſera tenu, au moyen des appointemens qui lui ſeront réglés, de traiter les malades du régiment, & de leur fournir *gratis* tous les médicamens néceſſaires; il ſera choiſi par les Capitaines, & agréé par le Colonel qui demandera ſon brevet au Colonel général.

X X I V.

Les Prevôts ſeront chargés de la propreté du quartier & du camp, ſous les ordres des Fourriers, & feront toutes les autres fonctions auxquelles ils ſont ordinairement employés.

10. Mai 1764.



XXV.

Les garçons Chirurgiens seront subordonnés au Chirurgien-major, & feront les fonctions qu'il leur prescrira pour l'utilité de la troupe.

XXVI.

Sa Majesté trouvant convenable au bien de son service, que les places de Sergens & de Caporaux ne soient remplies que par des sujets sages, intelligens, sachant lire & écrire, & qui aient le talent, en instruisant les Soldats, de s'en faire obéir; son intention est qu'il soit fait par le Commandant & le Major de chaque régiment, un examen exact des sujets qui remplissent actuellement ces places, & que tous ceux qui ne se trouveront point avoir les qualités prescrites ci-dessus en soient retirés, savoir; les Sergens pour être renvoyés, & les Caporaux pour entrer dans la classe des Appointés, ainsi qu'il sera dit plus bas: Voulant Sa Majesté que le Commandant & le Major choisissent, pour cette fois seulement, les sujets qui seront les plus propres à les remplacer, ainsi que ceux qui devront occuper les places de Fourriers, que Sa Majesté a jugé à propos de créer dans chaque compagnie.

XXVII.

Sa Majesté voulant en même temps expliquer ses intentions sur la manière dont il sera procédé à l'avenir aux choix desdits bas Officiers; Elle a réglé à l'égard de ceux desdits régimens qui sont entièrement composés de compagnies d'un même canton ou pays allié de la Suisse, que

Lorsqu'il vaquera une place de Sergent dans une compagnie, les douze plus anciens Sergens du régiment s'assembleront, avec les Porte-drapeaux, chez le Major, pour choisir parmi tous les Caporaux du régiment, sans avoir aucun égard à l'ancienneté, les trois sujets qu'ils croiront les plus propres à remplir la place vacante, ils les présenteront au Major & au Capitaine de la compagnie, dans laquelle la place de Sergent sera vacante, & sur le rapport de ces deux Officiers, le Commandant du régiment nommera celui des trois sujets proposés qui lui paroîtra mériter la préférence.

XXVIII.

LORSQU'IL vaquera une place de Fourrier, les douze plus anciens Fourriers s'aſſembleront avec le Quartier-maitre, chez le Major, pour choiſir parmi tous les Caporaux du régiment les trois ſujets qu'ils croiront les plus propres pour remplir la place vacante; ils les préſenteront au Major & au Capitaine de la compagnie, dans laquelle la place de Fourrier ſera vacante, de la même manière qu'il eſt expliqué dans l'article précédent pour les Sergens.

XXIX.

PAREILLEMENT lorſqu'il vaquera une place de Caporal, les huit plus anciens Caporaux & les quatre plus anciens Sergens du régiment, s'aſſembleront chez le Major, pour choiſir parmi tous les Soldats du régiment trois ſujets qu'ils préſenteront au Major & au Capitaine de la compagnie dans laquelle la place de Caporal ſera vacante, de la même manière qu'il eſt expliqué dans l'article XXVIII de la préſente ordonnance.

XXX.

A l'égard des régimens compoſés de compagnies de différens cantons ou pays alliés de la Suiſſe, l'intention de Sa Majeſté eſt que le choix des bas Officiers ſe faſſe ſeulement dans les compagnies du même canton ou pays dont ſera celle où il en manquera, & non point dans tout le régiment.

XXXI.

LES Sergens commanderont leur demi-ſection, la maintiendront en bonne diſcipline & police, & rendront tous les jours compte aux Officiers de tous les détails qui les concernent, ainſi qu'il eſt preſcrit par l'article V.

XXXII.

LES Fourriers ſeront chargés du détail de toutes les ſubſiſtances, des diſtributions, du logement, du campement & de la propreté du quartier & du camp; ils auront rang de Sergens, & ſeront diſpenſés de monter la garde en campagne & en garniſon.

XXXIII.

LES Caporaux veilleront ſur la diſcipline, la police & les exercices de leur eſcouade; ils en répondront au Sergent de leur demi-ſection, & ſuppléeront aux Sergens qui pourront manquer.

XXXIV.

A l'égard des places d'Appointés, elles ſeront données, quant-à-préſent, par préférence aux Caporaux & Anſpeſſades réformés, en exécution des articles III & XXVII de la préſente ordonnance; mais à l'avenir ces places d'Appointés appartiendront toujours de droit aux plus anciens Grenadiers ou Fuſiliers de chaque compagnie; ils commanderont l'eſcouade dont ils feront partie, au défaut des Caporaux qui en ſeront toujours les chefs.

XXXV.

LE Colonel de chacun deſdits régimens, lorſqu'il ſera Officier général, propoſera pour commander ſa compagnie, celui des Lieutenans du régiment qu'il croira le plus convenable pour remplir cette place.

XXXVI.

LES Capitaines qui ne ſerviront point eux-mêmes à la tête de leurs compagnies, & auxquels Sa Majeſté a permis d'y mettre des Capitaines-commandans, ſeront tenus de payer ces Capitaines-commandans, ſur le pied de deux cents livres par mois en temps de paix, & de deux cents cinquante livres en temps de guerre, & ces appointemens ſeront prélevés ſur ceux du Capitaine.

XXXVII.

AUCUN Capitaine ne pourra à l'avenir conſerver ſa compagnie lorſqu'il quittera le ſervice; ſe réſervant Sa Majeſté d'accorder aux Capitaines & aux autres Officiers, qui, par leur âge, leurs bleſſures ou infirmités, ſe trouveront dans le cas de ne pouvoir continuer leurs ſervices, des penſions proportionnées à leur grade, à l'ancienneté & au mérite de leurs ſervices, leſquelles penſions leur ſeront payées ſans autre retenue que celle des quatre deniers pour livre, dans le lieu de leur réſidence, en Suiſſe ou en France.

XXXVIII.

A l'égard des Officiers qui ſerviront dans les régimens d'Erlach & de Lochmann, & auxquels par les conſtitutions des Etats de Berne & de Zurich, il n'eſt pas permis d'accepter des penſions de retraite, Sa Majeſté ſera remettre annuellement à la caiſſe de chacun de ces régimens, une ſomme de dix mille livres, de laquelle il ſera formé une Maſſe dont tout le régiment ſera reſponſable; cette Maſſe ſera diſtribuée ſur les ordres du Colonel général, lequel en rendra compte à Sa Majeſté, en gratifications une fois payées aux Officiers de chacun deſdits régimens, qui par leur âge, leurs bleſſures ou infirmités, ſe trouveront dans la néceſſité de ſe retirer; l'intention de Sa Majeſté étant que ces gratifications ſoient réglées ſuivant le mérite & l'ancienneté de leurs ſervices.

XXXIX.

L'AVANCEMENT des Officiers ſubalternes des compagnies de Fuſiliers, ſe fera par ancienneté dans tout le régiment, & non par compagnie ſuivant l'uſage actuel; de ſorte que lorſqu'il vaquera un emploi de Lieutenant dans quelque compagnie que ce ſoit, il ſera donné au plus ancien Sous-lieutenant du régiment, ſi c'eſt un ſujet capable & de bonne conduite.

XL.

LES Capitaines continueront de propoſer au Colonel, & le Colonel au Colonel général, les nouveaux ſujets qu'ils croiront propres à remplir les emplois de Sous-lieutenans qui viendront à vaquer dans leur compagnie: Entendant Sa Majeſté qu'il ne ſoit admis auxdits emplois que des ſujets nés ou reconnus Suiſſes, ou des pays alliés de la Suiſſe: Enjoignant Sa Majeſté au Colonel général, d'y tenir la main avec la plus grande exactitude.

XLI.

LES charges de Colonel, de Lieutenant-colonel & de Major des régimens de Boccard, Pfiffer, Caſtella, Waldner, Jenner, Dieſbach, Courten, Salis & Eptingen, & les compagnies deſdits régimens, ſeront à la nomination de Sa Majeſté, qui en diſpoſera en faveur des Officiers qu'Elle en jugera les plus capables, & qui ſe ſeront rendus recommandables par leur ancienneté & leurs bons ſervices.

A l'égard des charges de Colonel, de Lieutenant-colonel & de Major des régimens d'Erlach & de Lochmann, & des compagnies desdits régimens, il y sera pourvu, conformément aux nouvelles capitulations faites pour ces deux régimens.

XLII.

SA MAJESTÉ considérant les services que plusieurs familles lui ont rendus depuis long-temps, & voulant avoir égard au zèle qu'elles ont témoigné, en levant des compagnies pour son service; son intention est, lorsque ces compagnies viendront à vaquer, d'en disposer en faveur des descendans de ces mêmes familles, s'il s'en trouve quelques-uns à son service qui aient l'âge & les qualités requises pour les commander.

Déclarant au surplus Sa Majesté qu'Elle n'accordera, dans aucun cas, les compagnies, soit celles qui sont censées de famille, soit celles qui ne le sont pas, à des enfans en bas âge, ni même à des Officiers qui n'auroient pas plus de cinq années de service, dont deux en qualité de Sous-lieutenant, & trois en qualité de Lieutenant.

Dans les régimens d'Erlach & de Lochmann, il n'y aura point de compagnies de familles ou héréditaires.

XLIII.

LES compagnies avouées, resteront affectées aux cantons qui les ont avouées, & ne seront données, lorsqu'elles viendront à vaquer, qu'à des Officiers des mêmes cantons.

XLIV.

LES compagnies de Grenadiers seront données, lors de la nouvelle composition de ces régimens, aux Capitaines-commandans ou par commission, qui les auront le mieux méritées par leurs services; & dans la suite, lorsqu'elles viendront à vaquer, Sa Majesté en disposera en faveur des Officiers qui en seront jugés les plus susceptibles.

XLV.

TOUTES les compagnies dans chaque régiment, contribueront également à la nouvelle formation des compagnies de Grenadiers; & dans la suite, les recrues nécessaires pour lesdites compagnies de Grenadiers, seront prises alternativement dans chaque compagnie de Fusiliers, de manière qu'une compagnie ne soit pas obligée de fournir plus qu'une autre aux Grenadiers; l'intention de Sa Majesté est de plus, que les

Fusiliers qui entreront dans les compagnies de Grenadiers, ne soient tenus de servir qu'autant de temps que portera leur premier engagement dans les compagnies de Fusiliers.

XLVI.

LES Officiers subalternes des compagnies de Grenadiers, seront choisis parmi les Officiers subalternes des compagnies de Fusiliers, sans aucun égard à l'ancienneté; & lorsqu'il y aura une place de Lieutenant ou Sous-lieutenant vacante dans lesdites compagnies de Grenadiers, le Colonel proposera au Colonel général, l'Officier subalterne du régiment qu'il jugera le plus capable de la remplir.

XLVII.

LES Sous-aides-major créés par la présente ordonnance, seront pris parmi les Sous-lieutenans les plus capables d'en remplir les fonctions, & proposés par le Colonel au Colonel général.

XLVIII.

S'IL y avoit dans ces régimens des Enseignes de la nation Suisse ou des pays alliés de la Suisse, qui fussent dans le cas d'être réformés par la nouvelle composition ci-dessus réglée, le Colonel les proposera de préférence pour Porte-drapeaux, jusqu'à ce qu'ils puissent être remplacés à des emplois de Sous-lieutenans; après quoi les places de Porte-drapeaux ne pourront être remplies que par des Sergens qui auront servi au moins six ans en cette qualité.

XLIX.

SA MAJESTÉ défend aux Capitaines de ces régimens, d'engager dorénavant aucun de ses sujets, soit de l'Alsace ou de la Lorraine allemande: Elle consent néanmoins que ceux de ses Sujets qui servent actuellement dans les compagnies, y restent jusqu'à l'expiration de leur engagement, & jusqu'à ce qu'ils ne doivent plus rien à leur Capitaine; mais Elle défend absolument de les rengager, & veut que dans trois ans, à compter de la date de la présente ordonnance, il n'y en ait plus, à la réserve des Sergens, Caporaux & Appointés, qui pourront y rester jusqu'à ce qu'ils soient dans le cas d'obtenir leur retraite à l'Hôtel royal des Invalides.

L.

DANS le nombre des recrues que les Capitaines feront à l'avenir, il leur ſera permis de prendre des Étrangers, Allemands, Polonois ou Italiens, juſqu'à concurrence du tiers ſeulement, dont la vérification ſera faite ſur les contrôles de la compagnie, ſignés & certifiés par le Commandant du corps & par le Major, qui ſeront reſponſables, en leur nom, des contraventions qui pourroient ſe commettre à cet égard par les Capitaines: tout ce qui excédera le tiers ſera réformé, & l'on fera des retenues pour les hommes qui manqueront à la compagnie, juſqu'à ce que le nombre ſoit rempli par de véritables Suiſſes ou Alliés de la Suiſſe, dont il ſera fourni à meſure des contrôles certifiés au Commiſſaire du département; l'intention de Sa Majeſté étant qu'à l'avenir toutes les compagnies ſoient compoſées de deux tiers au moins de Suiſſes ou Alliés de la Suiſſe.

Le Major adreſſera tous les ſix mois au Colonel général, un double ſigné de lui, des contrôles de chaque compagnie.

L I.

LES Soldats qui monteront aux hautes-payes, ne ſeront point tenus, comme par le paſſé, de ſervir trois ans au-delà du terme de leur engagement; l'intention de Sa Majeſté étant que le congé abſolu ſoit régulièrement donné chaque année aux Soldats dont l'engagement ſera expiré, lorſqu'ils le demanderont.

L I I.

ENTEND cependant Sa Majeſté qu'il ne ſoit délivré aucun congé abſolu depuis le 1.[er] Avril de chaque année, juſqu'au 1.[er] du mois de Novembre; & que dans le reſte de l'année le congé ſoit expédié, ſans difficulté, à tous les Soldats qui le demanderont, & dont le terme de l'engagement ſera expiré, pourvu qu'ils ne doivent rien à leur Capitaine: ces congés ſeront ſignés par le Capitaine, le Commandant du corps & le Major, & il en ſera dreſſé à meſure un état que le Major certifiera & qu'il adreſſera à la fin de chaque année au Colonel général.

L I I I.

LA retenue des quatre deniers pour livre, continuera d'avoir lieu ſur tout ce qui ſe payera aux régimens de d'Erlach,

Boccard, Pfiffer, Caftella, Waldner, Jenner, Diefbach, Courten, Salis & Eptingen, fuivant l'ufage obfervé pour toutes les Troupes de Sa Majefté; & en conféquence, le produit du quatrième denier fera remis à la caiffe de cette partie; au moyen de quoi ces régimens continueront de participer, lorfque Sa Majefté le jugera à propos, aux gratifications qu'Elle veut bien accorder fur cette caiffe.

## L I V.

A l'égard du produit de la retenue des trois deniers pour livre, affectés aux Invalides, il fera employé au payement des penfions que Sa Majefté accordera aux bas Officiers & Soldats Suiffes, ou des pays alliés de la Suiffe, foit Catholiques, foit Proteftans, qui, par l'ancienneté de leurs fervices ou par leurs bleffures & infirmités, fe trouveront dans le cas de mériter leur retraite à l'Hôtel royal des Invalides.

## L V.

SA MAJESTÉ ayant jugé à propos de fixer lefdites penfions fur le pied,

*SAVOIR;*

Deux cents quarante livres au Quartier-maître ou à chaque Porte-drapeau, eftropié au fervice & hors d'état de le continuer.

Deux cents livres lorfqu'il aura feulement l'ancienneté de fervice requife pour cette grâce.

Deux cents livres à chaque Sergent ou Fourrier, eftropié au fervice & hors d'état de le continuer.

Cent cinquante livres lorfqu'il aura l'ancienneté de fervice feulement.

Cent cinquante livres à chaque Caporal ou Appointé, eftropié au fervice & hors d'état de le continuer.

Cent vingt livres lorfqu'il aura l'ancienneté de fervice feulement.

Cent vingt livres à chaque Soldat eftropié au fervice & hors d'état de le continuer.

Cent livres lorfqu'il aura l'ancienneté feulement.

Elle veut & entend que ces penfions foient payées auxdits bas Officiers & Soldats Suiffes, ou des pays alliés de la Suiffe, chaque année, fans aucune retenue, & argent de France, par son Ambassadeur en Suisse, dans le lieu de la résidence de chaque bas Officier & Soldat, sur le certificat de vie en bonne forme du pensionnaire, après qu'il aura justifié de ses services & de son admission à la pension, par un certificat du Colonel général, qui sera enregistré sur un registre que l'Ambassadeur sera dresser à cet effet.

LVI.

SA MAJESTÉ donnera ses ordres pour faire délivrer par la même voie, tous les huit ans, à chaque bas Officier ou Soldat Invalide, un habit, veste & culotte de l'uniforme du régiment.

Veut cependant bien permettre Sa Majesté que ceux desdits bas Officiers & Soldats, qui, pour des raisons particulières, ne pourroient demeurer chez eux, aient la liberté de choisir une résidence dans le royaume, pour y jouir des mêmes avantages.

LVII.

IL sera accordé aux bas Officiers & Soldats qui auront obtenu la pension d'Invalide, un mois de leur solde, pour leur donner moyen de retourner chez eux ou à l'endroit du royaume qu'ils auront choisi pour leur domicile.

LVIII.

A l'égard du régiment de Lochmann, Sa Majesté veut bien que l'objet de la retenue des quatre deniers pour livre, qui sera faite sur tout ce qui sera payé audit régiment, soit remis chaque année, à la disposition de l'État du canton de Zurich, pour en faire la distribution aux bas Officiers & Soldats qui auront mérité leur retraite à l'Hôtel royal des Invalides, sur les certificats de l'Inspecteur général des troupes Suisses, & des Officiers supérieurs du régiment, lesquels certificats seront remis chaque année par le Colonel à l'État de Zurich, lequel sera distribuer le produit de ces quatre deniers à tous les bas Officiers & Soldats, Invalides, Suisses ou Étrangers, sur le pied réglé, ou proportionnément aux fonds qui se trouveront chaque année; au moyen de quoi ledit régiment ne participera plus aux gratifications sur le produit du quatrième denier; au surplus, il sera toujours payé à ces Invalides un mois de solde pour retourner dans leur pays.

## L I X.

LORSQU'UN Soldat desdits régimens, ayant obtenu son congé absolu avant le temps prescrit pour obtenir la pension d'Invalide, laissera écouler plus de quinze jours sans se rengager, ses services précédens ne lui seront point comptés, & il ne les datera, pour mériter les Invalides, que du jour de son rengagement.

## L X.

SA MAJESTÉ ayant jugé à propos de régler aux Officiers, bas Officiers & Soldats, une paye de paix & une paye de guerre, Elle veut & entend que les appointemens & solde soient payés auxdits régimens ainsi qu'il suit:

### *Compagnies de Grenadiers.*

Chaque place de Sergent, Fourrier, Caporal, Appointé, Grenadier & Tambour, sera payée au Capitaine sur le pied de vingt-une livres par mois en temps de paix, & de vingt-cinq livres dix sous en temps de guerre.

Les Officiers recevront pour leurs appointemens par mois,

*SAVOIR;*

Le Capitaine, trois cents cinquante livres en temps de paix, & quatre cents cinquante livres en temps de guerre.

Le Lieutenant, cent trente livres en temps de paix, & cent cinquante livres en temps de guerre.

Le Sous-lieutenant, cent livres en temps de paix, & cent vingt livres en temps de guerre.

### *Compagnies de Fusiliers.*

Chaque place de Sergent, Fourrier, Caporal, Appointé, Fusilier & Tambour, sera payée au Capitaine sur le pied de vingt livres par mois en temps de paix, & de vingt-quatre livres en temps de guerre.

Les Officiers recevront pour leurs appointemens par mois,

*SAVOIR;*

Chacun des deux premiers Capitaines-factionnaires de chaque régiment, trois cents cinquante livres en temps de paix, & quatre cents cinquante livres en temps de guerre.

Chacun des autres Capitaines, trois cents livres en temps de paix, & quatre cents livres en temps de guerre.

Le Lieutenant, cent vingt livres en temps de paix, & cent quarante livres en temps de guerre.

Le Sous-lieutenant, quatre-vingt-feize livres en temps de paix, & cent dix livres en temps de guerre.

## *État-major.*

Les Officiers de l'État-major recevront pour leurs appointemens par mois,

*SAVOIR;*

Le Colonel, indépendamment de fes appointemens de Capitaine, mille livres en temps de paix, & quinze cents livres en temps de guerre. L'intention de Sa Majefté étant qu'ils foient payés tous les mois de leurs appointemens, tant en qualité de Colonel qu'en celle de Capitaine, foit qu'ils foient abfens, foit qu'ils foient préfens.

Le Lieutenant-colonel, indépendamment de fes appointemens de Capitaine, deux cents cinquante livres en temps de paix, & trois cents livres en temps de guerre.

Le Major, cinq cents cinquante livres en temps de paix, & fix cents cinquante livres en temps de guerre.

Chaque Aide-major ayant commiffion de Capitaine, cent cinquante livres en temps de paix, & deux cents livres en temps de guerre.

Chaque Aide-major fans commiffion de Capitaine, cent trente livres en temps de paix, & cent foixante livres en temps de guerre.

Chaque Sous-aide-major, cent livres en temps de paix, & cent trente livres en temps de guerre.

Chaque Porte-drapeau, cinquante livres en temps de paix, & foixante livres en temps de guerre.

Le Quartier-maître, qui fera auffi chargé de la caiffe, cent livres en temps de paix, & cent foixante livres en temps de guerre.

Le Tambour-major, cinquante livres en temps de paix, & foixante livres en temps de guerre.

Chacun des Aumônier & Miniftre, cent livres en temps de paix, & cent vingt livres en temps de guerre.

Le Chirurgien-major, cent quatre-vingts livres en temps de paix, & deux cents cinquante livres en temps de guerre.

Chaque Prevôt, quinze livres en temps de paix, & dix-huit livres en temps de guerre.

Chaque garçon Chirurgien, quinze livres en temps de paix, & dix-huit livres en temps de guerre.

Voulant Sa Majesté que la paye de guerre soit donnée à ces régimens, à compter du jour qu'ils auront été avertis de se tenir prêts pour marcher en campagne; & qu'elle cesse de leur être payée du jour de leur arrivée dans la ville du royaume qui leur aura été assignée pour garnison, après la paix ou à leur retour de l'armée.

## L X I.

OUTRE le traitement ci-dessus réglé pour les compagnies de Grenadiers, Sa Majesté fera payer à chaque Capitaine de Grenadiers, la somme de mille livres par an en temps de paix, & celle de quinze cents livres en temps de guerre, pour le remplacement des Grenadiers qui manqueront dans sa compagnie, & pour les rengagemens qu'il fera; au moyen de quoi il sera obligé de payer pour chaque homme qu'il tirera des compagnies de Fusiliers, cent livres au Capitaine en temps de paix, & cent vingt livres en temps de guerre, & de rembourser audit Capitaine ce que le Soldat pourroit lui devoir.

## L X I I.

AU lieu de l'argent de recrues, de route & d'indemnité sur la perte des espèces en Suisse, Sa Majesté fera payer aux Capitaines de Fusiliers, pour chaque homme de recrue qui sera véritablement Suisse ou des pays alliés de la Suisse, & qui aura été reçu au corps, suivant le certificat du Commissaire chargé de la police du régiment, cent vingt livres; & pour chaque étranger qui aura également été reçu au corps, trente livres.

Mais cette disposition n'aura lieu pour les régimens de Boccard, Pfiffer, Castella, Waldner, Diesbach, Courten, Salis & Eptingen, que jusqu'à la revue de l'inspection du mois de Mai 1765; & à commencer du 1.er Juin de la même année, Sa Majesté fera payer pour les recrues en général, la somme de douze cents livres par an en temps de paix, & celle de trois mille livres en temps de guerre, pour chaque compagnie de Fusiliers; & le payement de cette somme se fera d'avance le 1.er Octobre de chaque année, à commencer du 1.er Octobre 1765.

A l'égard des régimens d'Erlach & de Lochmann, Sa Majesté voulant leur faciliter les moyens de retrancher de leurs compagnies tous les hommes médiocres, ainsi que tous les sujets de Sa Majesté; Elle fera payer les recrues aux Capitaines, à raison de cent vingt livres par homme Suisse, & de trente livres pour chaque Allemand ou Étranger, pendant l'espace de deux années, après lesquelles les recrues seront payées sur le pied réglé ci-dessus pour les autres régimens, & à la même époque du 1.er Octobre de chaque année

Sa Majesté fera payer en outre aux Capitaines de Fusiliers de chacun des onze régimens, la somme de mille livres par an, en tout temps, pour frais de rengagemens & pour dédommagemens des pertes accidentelles.

## LXIII.

LORSQUE Sa Majesté jugera à propos de porter les compagnies à cent trois hommes, cette augmentation se fera dans l'espace de deux ou trois années; si elle se fait dans le terme de deux ans, elle fera pour la première année de seize hommes, & le Capitaine recevra pour cette première année, la somme de dix-huit cents livres pour ses recrues; l'augmentation de la seconde année sera de vingt-quatre hommes, & le Capitaine recevra trois mille livres pour cette seconde année & pour chacune des suivantes, jusqu'à la réduction des compagnies à soixante-trois hommes.

Mais dans le cas où Sa Majesté jugeroit à propos de ne faire faire cette augmentation que dans l'espace de trois années, il sera fait dans la première seize hommes, dans la seconde aussi seize hommes, & dans la troisième huit; le Capitaine recevra alors pour ses frais de recrue une somme de dix-huit cents livres la première année, deux mille quatre cents livres la seconde, & trois mille livres pour la troisième & chacune des suivantes, jusqu'à la réduction des compagnies à soixante-trois hommes.

## LXIV.

CHAQUE augmentation d'hommes que Sa Majesté jugera

à propos de régler pour le temps de guerre, ſe fera dans l'eſpace de quatre mois; ceux des Capitaines qui ſe trouveront complets à l'expiration de ce terme, recevront la paye des hommes d'augmentation pour la durée dudit terme, ſur le pied que le régiment aura été payé pendant ledit temps; mais ceux deſdits Capitaines qui ne ſe trouveront pas complets à l'expiration des quatre mois, ne recevront la paye des hommes d'augmentation qu'à compter du jour de l'arrivée de chacun au quartier d'aſſemblée ou au régiment.

## L X V.

LORSQUE Sa Majeſté jugera à propos de réduire les compagnies au nombre fixé pour le temps de paix, Elle fera payer aux Capitaines pour chaque homme réformé, ſix livres par mois pendant une année entière, à commencer du jour de la réduction, & un mois de ſolde aux Soldats qui ſeront réformés, pour leur donner moyen de retourner chez eux ou à la réſidence qu'ils auront choiſie dans le royaume.

## L X V I.

## *SOLDE des bas Officiers de Grenadiers, & des Grenadiers.*

AU moyen des vingt-une livres en temps de paix, & des vingt-cinq livres dix ſous en temps de guerre, que Sa Majeſté payera pour chaque bas Officier de Grenadiers & pour chaque Grenadier; le Capitaine ſera obligé de donner par mois,

*SAVOIR;*

Au premier Sergent de ſa compagnie, quarante-deux livres en temps de paix, & quarante-neuf livres dix ſous en temps de guerre.

Au ſecond Sergent, trente-ſix livres en temps de paix, & quarante-deux livres en temps de guerre.

Au Fourrier, vingt-cinq livres dix ſous en temps de paix, & vingt-huit livres dix ſous en temps de guerre.

A chacun des quatre Caporaux, dix-neuf livres dix ſous en temps de paix, & vingt-deux livres dix ſous en temps de guerre.

A chacun des quatre Appointés, dix-huit livres en temps de paix, & vingt-une livres en temps de guerre.

A chaque Grenadier, ſeize livres dix ſous en temps de paix, & dix-neuf livres dix ſous en temps de guerre.

A chaque Tambour, dix-ſept livres cinq ſous en temps de paix, & vingt livres cinq ſous en temps de guerre.

## *SOLDE des bas Officiers de Fuſiliers, & des Fuſiliers.*

AU moyen des vingt livres en temps de paix & des vingt-quatre livres en temps de guerre, que Sa Majeſté payera pour chaque bas Officier de Fuſiliers, & pour chaque Fuſilier; le Capitaine ſera obligé de donner par mois,

*SAVOIR;*

Au premier Sergent de ſa compagnie, quarante livres en temps de paix, & quarante-huit livres en temps de guerre.

Au ſecond Sergent, trente-quatre livres en temps de paix, & quarante livres en temps de guerre.

Au troiſième Sergent, trente livres en temps de paix, & trente-cinq livres en temps de guerre.

Au quatrième Sergent, vingt-ſix livres en temps de paix, & trente livres en temps de guerre.

Au Fourrier, vingt-quatre livres en temps de paix, & vingt-ſept livres en temps de guerre.

A chacun des quatre premiers Caporaux, dix-huit livres en temps de paix, & vingt-une livres en temps de guerre.

A chacun des quatre derniers Caporaux, dix-ſept livres en temps de paix, & vingt livres en temps de guerre.

A chacun des huit Appointés, ſeize livres dix ſous en temps de paix, & dix-neuf livres dix ſous en temps de guerre.

A chacun des deux Tambours, ſeize livres dix ſous en temps de paix, & dix-neuf livres dix ſous en temps de guerre.

A chaque Fuſilier, quinze livres en temps de paix, & dix-huit livres en temps de guerre.

## LXVII.

LE Capitaine ſera de plus obligé d'armer à ſes dépens les bas Officiers & Soldats de ſa compagnie, & de ſupporter ſeul tous les frais de compagnie, mais le Soldat ſera chargé de l'entretien de ſes armes.

Dans les cas d'augmentation, les armes néceſſaires ſeront fournies *gratis* des magaſins du Roi; à la charge que les

Capitaines, lors de la réduction, rendront en bon état les mêmes quantités d'armes qui leur auront été fournies.

### *Prêt des Grenadiers.*

Le prêt du premier Sergent de chaque compagnie de Grenadiers, sera de vingt sous par jour en temps de paix, & de vingt-quatre sous en temps de guerre.

Celui du second Sergent, de dix-huit sous en temps de paix, & de vingt sous en temps de guerre.

Celui du Fourrier, de douze sous en temps de paix, & de treize sous en temps de guerre.

Celui des Caporaux, de neuf sous en temps de paix, & de dix sous en temps de guerre.

Celui des Appointés, de huit sous en temps de paix, & de neuf sous en temps de guerre.

Celui des Grenadiers & du Tambour, de sept sous en temps de paix, & de huit sous en temps de guerre.

### *Prêt des Fusiliers.*

Le prêt du premier Sergent de chaque compagnie de Fusiliers, sera de dix-huit sous par jour en temps de paix, & de vingt sous en temps de guerre.

Celui du second Sergent, de seize sous en temps de paix, & de dix-huit sous en temps de guerre.

Celui du troisième Sergent, de quatorze sous en temps de paix, & de quinze sous en temps de guerre.

Celui du quatrième Sergent, de douze sous en temps de paix, & de quatorze sous en temps de guerre.

Celui du Fourrier, de onze sous en temps de paix, & de douze sous en temps de guerre.

Celui des quatre premiers Caporaux, de huit sous en temps de paix, & de neuf sous en temps de guerre.

Celui des quatre derniers Caporaux, de sept sous six deniers en temps de paix, & de huit sous six deniers en temps de guerre.

Celui des huit Appointés, de sept sous en temps de paix, & de huit sous en temps de guerre.

Celui des Fusiliers & des deux Tambours, de six sous six deniers en temps de paix, & de sept sous six deniers en temps de guerre.

### LXVIII.

Le prêt, tel qu'il est ci-dessus réglé, sera délivré par le

Quartier-maître de chaque régiment, au Major ou aux Aides-major, ſans aucune retenue, de telle eſpèce que ce puiſſe être; & le Major ou les Aides-major le diſtribueront de même aux bas Officiers & Soldats de chaque compagnie, en préſence des Capitaines.

L'excédant de la ſolde réglée par l'article LXVI aux bas Officiers & Soldats, tant des compagnies de Fuſiliers que de celles de Grenadiers, ſera employé par le Capitaine à leur habillement & à leur entretien, & ledit Capitaine leur fera le décompte du ſurplus, s'il y en a.

LXIX.

LORSQUE leſdits régimens ſeront employés à l'armée, ou qu'ils ſe trouveront en garniſon dans des Places du royaume, éloignées des frontières de la Suiſſe, il leur ſera accordé des quartiers d'aſſemblée en Alſace, pour y recevoir leurs recrues; & Sa Majeſté donnera ſes ordres pour faire fournir à ces recrues & aux Officiers qui ſeront établis pour les recevoir, le logement & la ſubſiſtance.

LXX.

LORSQUE les Capitaines ſeront entrés en campagne avec leurs compagnies complettes, & qu'ils auront eſſuyé des pertes dans quelques actions de guerre, il leur ſera accordé un terme ſuffiſant pour les réparer, & en attendant ils jouiront de la paye ſur le pied complet; mais, ſi à l'expiration du terme accordé, les compagnies n'étoient point complettes, les retenues qui ſeront faites pour les hommes qui leur manqueront, auront un effet rétroactif, à commencer du jour que le terme leur a été accordé.

LXXI.

AU moyen du traitement réglé à ces régimens, par la préſente Ordonnance, tout autre traitement, de telle eſpèce qu'il ſoit, n'aura plus lieu: Voulant cependant Sa Majeſté que leſdits régimens participent en temps de guerre & en garniſon, au traitement qui ſera fait à toutes ſes autres troupes d'Infanterie, pour ce qui concerne le pain, la viande, le fourrage en campagne, & l'étape dans le royaume, & que les retenues qu'on leur fera pour ces différens objets, ne ſoient point portées plus haut à leur égard qu'à l'égard des régimens d'Infanterie françoise.

LXXII.

Les Commissaires chargés de la police de ces régimens, en feront, à la fin de chaque mois, une revue exacte, pour servir au payement de leur subsistance, conformément à ce qui est prescrit par l'Ordonnance des revues : lesdits Commissaires enverront un double de leurs extraits de revue au Secrétaire d'État ayant le département de la guerre, & un autre au Trésorier général.

LXXIII.

Les prisonniers de guerre & les malades, seront entretenus aux dépens des Capitaines; au moyen de quoi lesdits prisonniers & malades seront passés présens sur des certificats des Commissaires, lesquels certificats seront joints aux extraits de revue, que les Commissaires enverront au Secrétaire d'État ayant le département de la guerre.

LXXIV.

Il sera accordé chaque année six congés de semestre aux bas Officiers ou Soldats de chaque compagnie en temps de paix, & huit en temps de guerre, pour s'employer aux recrues ou pour d'autres cas pressans, & lesdits hommes seront passés présens dans les revues.

LXXV.

Le Commandant du régiment, le Major & le Quartier-maître, qui sera chargé de la caisse, ne pourront disposer de la caisse que pour l'usage fixé, & du consentement des Capitaines; l'intention de Sa Majesté étant que ladite caisse ne soit chargée d'aucune dépense extraordinaire.

LXXVI.

Le Major sera faire régulièrement tous les mois à chaque Capitaine le décompte de ce qui lui sera dû, & le Quartier-maître payera ce décompte aussitôt qu'il aura reçu les fonds.

LXXVII.

Le Colonel ne pourra introduire aucun changement, relatif aux affaires d'intérêts du régiment, sans le consentement des Capitaines.

25

## LXXVIII.

SA MAJESTÉ jugeant à propos de changer l'uniforme de ces régimens, Elle a réglé la manière dont ils seront habillés à l'avenir, suivant l'état annexé à la présente Ordonnance : Enjoignant Sa Majesté aux Colonels desdits régimens, de le faire exécuter en tout point; leur défendant d'y souffrir aucun changement, sans une permission expresse & par écrit du Colonel général, d'après les ordres de Sa Majesté, sous peine de désobéissance, & de payer sur leurs appointemens la dépense qu'auroient occasionnée les changemens par eux ordonnés.

## LXXIX.

L'INSPECTEUR général des Suisses procédera, conjointement avec le Colonel de chacun des régimens d'Erlach & de Lochmann, à la nouvelle formation prescrite par la présente Ordonnance, sur les instructions particulières qui lui seront données par le Colonel général, d'après les ordres de Sa Majesté ; & le traitement réglé pour tous les régimens Suisses & Grisons, aura lieu à commencer, savoir; pour le régiment de Salis du 20 Avril, pour celui de Courten du 16 Septembre, pour celui de Jenner du 20, pour celui de Diesbach du 28 du même mois, pour celui de Boccard du 4 Octobre, pour celui de Pfiffer du 11, pour celui de Waldner du 16, pour celui d'Eptingen du 20, pour celui de Castella du 26 Octobre de l'année dernière, & pour ceux d'Erlach & de Lochmann, à commencer du jour que leur composition aura été constatée par les procès-verbaux des Commissaires des guerres chargés de la police desdits régimens, qui seront présens à l'exécution de la présente Ordonnance.

## LXXX.

SI, par la nouvelle composition, il y avoit des compagnies ou demi-compagnies qui fussent dans le cas d'être réformées ou retirées aux Titulaires qui en sont actuellement pourvus, Sa Majesté réglera les dédommagemens que ces Titulaires sont dans le cas de mériter, relativement à leurs services ou à la nature de leurs compagnies.

## LXXXI.

SA MAJESTÉ fera payer aux Officiers fubalternes qui feront réformés par la nouvelle compofition, la moitié des appointemens dont ils jouiffent actuellement fur le pied de paix, jufqu'à ce qu'ils puiffent être remplacés dans les régimens Suiffes ou employés ailleurs; permettant Sa Majefté auxdits Officiers de fe retirer, en attendant, où bon leur femblera, pourvu cependant qu'ils ne paffent pas au fervice des autres Puiffances.

## LXXXII.

LE congé abfolu fera délivré aux Soldats qui feront dans le cas d'être réformés; il leur fera accordé un mois de folde pour leur donner moyen de retourner chez eux ou à la réfidence qu'ils auront choifie dans le royaume.

## LXXXIII.

VEUT au furplus Sa Majefté que tous les régimens Suiffes & Grifons, continuent de jouir de tous les priviléges, franchifes, prérogatives & exemptions qui leur ont été accordées par les Traités d'alliance avec les Louables Cantons, & notamment par celui du 10 mai 1715; dérogeant Sa Majefté à toutes ordonnances contraires à la préfente. Mandant Sa Majefté au fieur Duc de Choifeul, Colonel général des Suiffes & Grifons, de tenir la main à fon exécution.

MANDE & ordonne Sa Majefté aux Officiers généraux ayant commandement fur fes Troupes, aux Gouverneurs & Lieutenans généraux de fes provinces, aux Commandans dans fes villes & places, à l'Infpecteur général des Suiffes & Grifons, aux Intendans dans fes provinces, fur fes frontières & dans fes armées, aux Commiffaires des guerres & à tous autres fes Officiers qu'il appartiendra, de tenir la main à l'exécution de la préfente ordonnance. FAIT à Verfailles le dix mai mil fept cent foixante-quatre. *Signé* LOUIS. *Et plus bas*, LE DUC DE CHOISEUL.

10. Mai 1764.



27

*ÉTIENNE-FRANÇOIS* DE *CHOISEUL, Duc de* STAINVILLE, *Pair de France, Chevalier des ordres du Roi & de la Toison d'or, Lieutenant général des Armées du Roi, Colonel général des Suisses & Grisons, Gouverneur & Lieutenant général de la province de Touraine, Gouverneur & grand Bailli du pays de Vosges & de Mirecourt, Ministre & Secrétaire d'État ayant les départemens de la Guerre & de la Marine, & la correspondance avec les Cours d'Espagne & de Portugal, Grand-maître & Surintendant des Courriers, Postes & relais de France.*

VU par nous l'ordonnance du Roi, donnée à Versailles le 10 mai 1764, signée Louis, & plus bas, le Duc de Choiseul, & à nous adressée, pour tenir la main à son exécution; par laquelle Sa Majesté, pour les causes y contenues, auroit jugé à propos de changer la composition & le traitement des régimens Suisses & Grisons qu'Elle entretient à son service:

NOUS, en vertu du pouvoir à nous accordé par Sa Majesté, à cause de notredite charge de Colonel général des Suisses & Grisons; Mandons aux Colonels desdits régimens, & à tous autres qu'il appartiendra, de se conformer à ladite ordonnance: En témoin de quoi nous avons fait expédier la présente que nous avons signée de notre main, fait sceller du sceau de nos armes, & contre-signer par le Secrétaire général des Suisses & Grisons. A Versailles le onze mai mil sept cent soixante-quatre. *Signé* LE DUC DE CHOISEUL. *Et plus bas*, par Monseigneur, THIBAULT DUBOIS.

# *ÉTAT arrêté par le Roi, de l'Uniforme que Sa Majeſté a réglé pour l'Habillement des Régimens Suiſſes & Griſons.*

## RÉGIMENT D'ERLACH.

Habit rouge, collet, revers & paremens noirs, doublure blanche, veſte & culotte de drap blanc; boutons blancs & poches en long garnies de trois boutons, trois petits ſur le parement, ſept petits ſur le revers, trois gros au-deſſous; les boutons unis, collés & maſtiqués ſur bois.

## RÉGIMENT DE BOCCARD.

Habit rouge, paremens, collet & revers blancs, doublure blanche, veſte & culotte de drap blanc, col noir, poches en long; la garniture pareille à celle du régiment d'Erlach.

## RÉGIMENT DE PFIFFER.

Habit rouge, paremens, collet & revers bleu-céleſte, doublure blanche, veſte & culotte de drap blanc, col rouge, poches en long; la garniture de boutons telle qu'elle eſt marquée ci-deſſus pour le régiment d'Erlach.

## RÉGIMENT DE CASTELLA.

Habit rouge, paremens, collet & revers bleus, doublure blanche, veſte & culotte de drap blanc, col noir, poches en travers garnies de trois boutons; le reſte de la garniture, ainſi qu'il eſt marqué pour le régiment d'Erlach.

## RÉGIMENT DE WALDNER.

Habit rouge, paremens blancs, collet & revers rouges, doublure blanche, veſte & culotte de drap blanc, col noir, poches en long; la garniture de boutons pareille à celle du régiment d'Erlach.

## RÉGIMENT DE JENNER.

Habit rouge, paremens, collet & revers jaunes, doublure blanche, veſte & culotte de drap blanc, col noir, poches en long; la garniture de boutons, telle qu'elle eſt marquée ci-deſſus pour le régiment d'Erlach.

## RÉGIMENT DE DIESBACH.

Habit rouge, paremens, collet & revers bleu-céleſte, doublure blanche, veſte & culotte de drap blanc, col noir, poches en travers; la garniture de boutons, *idem.*

## RÉGIMENT DE COURTEN.

Habit rouge, paremens, collet & revers verd-de-ſaxe, le parement petit & ouvert, doublure blanche, veſte & culotte de drap blanc, col noir, poches en travers, la garniture de boutons, *idem.*

10. Mai 1764.





## RÉGIMENT DE LOCHMANN.

Habit rouge, paremens, revers & collet bleus, doublure, veſte & culotte blanche, petit parement fermé de trois boutons, poches en travers; boutons triollés anglois, plats ſur la tête.

## RÉGIMENT D'EPTINGEN.

Habit rouge, paremens, collet & revers blancs, doublure blanche, veſte & culotte de drap blanc, col rouge, poches en travers; la garniture de boutons pareille à celle du régiment d'Erlach.

## RÉGIMENT DE SALIS.

Habit rouge, paremens, collet & revers bleus, doublure blanche, veſte & culotte de drap blanc, col rouge, poches en long garnies de trois boutons, trois petits ſur le parement, ſept petits ſur les revers, trois gros au-deſſous: les boutons blancs, unis, collés & maſtiqués ſur bois.

Le chapeau des Officiers & bas Officiers de chacun deſdits régimens, ſera bordé d'argent, & celui des Soldats & Tambours en galon de fil blanc.

L'habit du Tambour-major & des Tambours, à la livrée du Colonel, avec les revers, collet & paremens des couleurs déterminées & réglées pour chaque régiment, veſte & culotte de drap blanc, comme celles des Soldats; la coupe de l'habit & des revers, ainſi que la poſition des boutons, ſemblables à celles des habits des Soldats.

LE COLONEL portera une épaulette de chaque côté, en argent, ornée de frange riche, à nœuds de cordelières.

LE LIEUTENANT-COLONEL portera à gauche une ſeule épaulette de même, garnie de frange, comme celles du Colonel.

LE MAJOR portera une épaulette de chaque côté, en argent, ornée de frange ſeulement, ſans graine d'épinards ou nœuds de cordelières.

LE CAPITAINE & l'AIDE-MAJOR qui aura commiſſion de Capitaine, porteront à gauche une épaulette en argent, ornée de frange ſeulement, comme celles du Major.

LE LIEUTENANT portera à gauche une épaulette fond argent, loſangée de carreaux de ſoie de la couleur des revers de ſon habit, la frange ſera mêlée d'argent & de ſoie de même couleur que ſes revers.

LE SOUS-LIEUTENANT & l'ENSEIGNE porteront l'épaulette

à fond de soie de la couleur des revers de leur habit, avec des carreaux d'argent, & la frange mêlée d'argent & de soie.

LE PORTE-DRAPEAU portera l'épaulette à fond de soie de la couleur des revers de son habit, & lisérée d'argent.

L'OFFICIER ne pourra porter, sous quelque prétexte que ce soit, aucun galon, ni fil d'or ou d'argent à son uniforme.

FAIT à Versailles le dix mai mil sept cent soixante-quatre. *Signé* LOUIS. *Et plus bas*, LE DUC DE CHOISEUL.

A PARIS,
DE L'IMPRIMERIE ROYALE.

M. DCCLXIV.

www.ingramcontent.com/pod-product-compliance
Ingram Content Group UK Ltd.
Pitfield, Milton Keynes, MK11 3LW, UK
UKHW020226180726
13838UKWH00005B/2208

9 782329 359076